그날의 일기

그날의 일기

이원문 시집

책나무출판사

목차

1부

2부

3부

4부

• 1부 •

장터의 가을

가을 볕의 그날들
추억에 어리는 그 장터
세상의 것 다 있는 듯
무엇인들 없을까
누가 사야 할 물건이고
어느 곳에 쓰이는 누구의 물건이 될까

김 서린 골목에
구수한 음식들
내 물건 사가시오
외치는 소리들
베린 낫에 호미 칼
붙들여 온 가축들 눈치 보기에 바쁘고

실 바늘 실패에
멈칫 하는 할머니들
귀퉁이 한 곳의 대장간
약 장수 입담에 한 번 더 웃고
채반에 놓인 팥 녹두 고추
고향 초가의 마당에 오늘도 노을진다

가을역

쓸쓸한 가을역
열차 떠난 자리
휑하니 비어 있고
홀로서 있는 이
먼 기차 길 바라본다

찬 바람에 묻어가는
열차의 찬 바람
가을역은 언제나
그리 쓸쓸한 것인지

찬 바람스치는 역
기적 소리 떠나고
다음이 있을까
서 있는 이의 사연만
그 흔적 남긴다

초가의 별

울 밑 담 밑
뜰 건너 장독대
그렇게 깊어간
귀뚜라미의 밤이었나

마루 끝 밤하늘
은하수 길 더 멀고
큰별 작은 별
서로 보며 반짝인다

기다림의 가을밤
알암 떨어지는 밤
그 아이 홀로 앉아
눈물 짓는다

감나무의 꿈

그 세월 언덕 너머
가을이면 찾아 오는
감나무의 꿈이었나
오가며 보는 연시
누가 먼저 차지할까

쉽지 않은 단맛 구경
가을 날에 그 연시
있는 집이나 있던 나무
그 나무가 바로 감나무 아닌가
다른 과일 나무도 그리 흔치 않았다

가을 동요

어린 아이가 된 것 처럼
주워 든 단풍잎에 그 시절 다 녹는다
시골뜨기가 보고 자란 그날들이던가

산으로 들로 이웃 집 울 뒤로
무엇을 얻겠다 그리 다녔는지
주머니에 손 넣으며 입에 넣을 것 찾던 날

수수밭 지날 때면 수수밭 위 하늘 보고
알암 줏는 뒷동산 돌팔매질의 명사수
누가 더 멀리 안 맞춘 것이 있을까

노래 하나 부르는 즐거운 저녁 나절
냇가 길 징검다리에 누렁이 개 마중 나오고
오는 길 서쪽 멀리 붉은 노을 더 붉어 갔다

소라의 가을

작년에 그랬듯
다음 여름이 언제 될까
지나 보니 짧기만한 시간들
파도에 휩쓸린 소라 조개의 꿈이었나

바람 서늘하니
저 먼 섬 돌아 불어오고
언제였는 듯 뜨겁던 백사장
못 지운 소라 조개의 꿈 파도에 묻는다

엄마

엄마
엄마

엄마
나야

엄마
나나

나야
엄마

미운
나나

억새꽃의 바다

이 먼 바다의 작은 섬
다녀간 이 있나요
이곳의 이 억새꽃
찾는 이 있었나요

억새풀로 모진 바람
꽃 피워도 누워야 하는
이 섬의 억새꽃
누가 한 번쯤 관심이 있었는지요

누워서 꽃 피웠고
꽃 피워도 누워야 하는
이 작은 섬의 억새꽃
바람 소리 파도 소리 아무도 없어요

메뚜기의 슬픔

그런 가을이었는데
벼 잎새 뒤 살짝이
아이들이 좇아오면
더 멀리 날았었지

논마다 이 논 저 논
다 우리들의 황금 들녘
허수아비 비웃느라
참새 떼 모여들면

그 자리 비우느라
다른 논 찾았고
이제 그마저 드러나는 바닥
밤이면 춥고 한낮의 양지어도
기댈 곳이 없어요

단풍의 기억

내 고향 앞 뒷산이었나
곱고 곱던 그 단풍
높은 산은 아니어도
가을이면 아름다웠고
기슭 따라 올라가노라면
노란히 싸리 단풍
조그마하니 빨갛게
진달래 단풍 더 예뻤었지

흔치 않은 단풍나무
단풍나무의 단풍은
그리 쉽게 못 보았고
먹을 것 찾아 먼 산이나 가야
그때서야 보는 단풍
어찌나 예쁜지 서너잎 따 모아
주머니에 조심 조심
구겨질새라 말아 넣었지

아름다운 가을날들
기억 속에 그 가을 날들

둘러보는 산자락의 그 단풍들
멀리 보면 나름대로
그렇게 아름다울 수가
초가 마당에서 손 가림으로 보는 산
그런 가을이 두 번 다시 돌아 올까
추수 끝날 무렵 찬 바람 더 차가우면
보이는 산마다 더 울긋 불긋 했었는데

가을 여행

떠나는 먼 길
목적지는 한 곳인데
다니고 싶은데 많고
많아도 시간이 모자라
다녀 올 수가 없다

사정에 여름은
찾는 삶에 그렇게 그렇고
어렵사리 얻은 시간
열차에 몸 싣으니
누가 나의 이 마음을
엿보기라도 할까

차창 밖 보이는 것마다
모두가 새롭고
어느 한곳은 그대로
옛 담장에 이웃 샛길
산자락에 다랑이 논 돌뿌뎀이들
보이는 하늘도 고향과 같았다

떠나는 가을 여행
이제 누그러드는 설레임인가
눈은 오늘을 마음은 옛날로
스쳐 가는 산과 들
길가에 코스모스 여운을 남간다

한글날

누가 만든 한글이고
어느 민족의 국어인가
가엾어라 어쩌나
우리의 글 말 짓밟혔네

어느 민족이 짓밟았나
우리의 말과 글을
버림 받은 우리의 글
말까지 버렸다네

가을 등불

씨앗 봉지 꺼내며
가는 겨울 보내고
초봄부터 그렇게
기다린 풍년이다

비 많은 여름 될까
뜨거운 가뭄 될까
아니면 큰 바람이
휩쓸지나 않을까

그 여름 근심 걱정
모깃불에 묻었고
긴 옷소매 내리니
어느새 가을이다

저무는 가을 저녁
어둠의 바쁜 가을
마루 끝 저미는 콩
어떻게 불 밝힐까

늙다리의 슬픔

눈으로 보는 세상
넣어보니 끝 없고
귀에 담는 소리마다
다 담을 수 없었다

단몽에 놀라 일어난 밤
무엇이 두려워 놀랐었나
우두커니 캄캄한 방
불 밝혀도 어두웠다

가을 해변

저 먼 곳 저 섬은
누가 사는 섬이고
여기의 이곳은
누구의 섬일까

살기는 누가
사는 것 같은데
그곳도 이 곳도
이리 조용 할 수가

쓸쓸히 파도만
그 여름인 것 처럼
가을이면 섬마다
다 이런 것인지

해당화의 여름
빨간 열매로 외롭고
억새꽃 쓸쓸히
바람에 눕는다

낙숫물의 밤

한낮 궂은비 멎는 듯 하더니
낮 잃은 밤이어도 낙숫물이 알린다
이 쓸쓸한 가랑비 멎었더라면
그러면 밤 오기 전 붉지 않은 노을이라도
이제 밤이 되니 안 내리면 무엇 하고
내리니 밤인데 바라보면 무엇하나

닫힌 문에 낙숫물 소리 처량도 하다
한 방울에 주눅 들고 두 방울에 눈물 난다
나 있는 곳 여기 여기가 어디요
바쁘지 않은 낙수이니 틀림 없는 그 비일진데
안 보여도 마음 젖고 그 낙수에 첫 닭 울음 가까우니
모은 세월 이리 저리 어느 몫에 더 놓을까

벼 이삭의 슬픔

엄마
벼 이삭 주워 왔어
이만큼이면 돼

내일 더 많이 많이
뒷산 너머 그 논 찾아
더 많이 주워 올께

아십니까 그날을
그날을 아십니까

어린 가슴에 새겨진
그날을 아십니까

그 아이의 가을
기러기가 읽었고

벼 이삭의 그 마음
가난이 읽었다

고향의 바람

봄 소식의 봄바람
울 밑 찾아 불었고
그 다음 보리밭

여름날 여름바람
그 바람 시원히
원두막 찾았다

산으로 들녘으로
툇마루 밖 텃밭으로
봄바람 여름바람

때 되면 그렇게
변함 없어야 하는지
한 세월 읽느라

가을날 가을이면
어느 곳 찾았나
달밤에 수수밭

가을 더 깊어라
귀뚜라미 울리고
다음날 산으로

단풍 물들이더니
보는 그림 그 잠깐
낙엽 굴렸었나

겨울 준비 하라는 듯
차갑게 더 차갑게
미닫이 문 흔들었다

낙엽의 노을

한때에는
그리 그런 여름이었는데

단풍이 아니라
병드는 줄 몰랐던 날

모두는 나에게
아름답다 했던가

얼룩에 갉힌 흔적
그래도 아름답던가요

떨어지면
이리 저리 어디로 가야 하나요

굴리는 찬 바람
그 바람만이 알겠지요

학교의 뜰

엊그제의 그날
누가 아는 그 뜰인가
교실 뒷편 따뜻 했던
급식소의 그 뜰을

기다리던 점심
점심 시간 종 울리면
소사 아저씨
강냉이 죽 끓이고

김 서린 노란 죽
기다렸던 점심일까
양은 변또 내밀었던 날
퍼 주는 소사 아저씨
한 국자 더 넣어 주었다

• 2부 •

통일의 양지

남녘 땅
북녘 땅

모두는 다
민족의 땅

그 가을

날이라도 맑으면
따뜻한 그 볕에 의지 되렴만
구름 들어오니 있는 볕 없어지고
바람까지 으시시 허기에 춥구나
물논에 벼베기 담근 발은 오죽하랴
묶음의 물볏단 그 손은 안 그럴까

차갑고 저리고 늦 가을의 심술인 듯
몇날 며칠 좋던 날이 이리도 괴롭히는지
옷 소매 내려본들 무슨 소용이 있나
그러면 불던 바람 아니 불어 올까
벼 잎새에 눈 찔리니 비비는 눈 눈물 난다
이 무거운 물볏단을 언제 다 끌어 내나

오늘 이 저문 들녘 내일은 어쩔런지
우리 논이고 더 많으면 덜 추울 것인데
병작에 서너마지기 떼이지나 않았으면
겨우 얻어 지은 농사 몇 가마니의 벼가 될까
맞춤의 타작 날 날궂이라도 하면 어쩌지
손 놓고 오는 길 또 저무는구나

영혼의 슬픔

뜬 눈에 바라보고
트인 귀에 담으니
모두는 다 시간의 것이었고

빛 속임에 늙은 몸
그 시간이 길었던가
밤과 낮에 속은 세월
누가 나를 데려 갈까

눈에 넣고 담은 소리
시간에게 빼앗긴 몸
뭉쳐지고 끌리니 하루가 짧다

벼 타작의 양지

봄부터 그렇게 논마지기에 묻어온 꿈
오늘이 있기까지 또 한 해가 가는가
기다린 이 시간 가는 세월에 아쉽고
쌓아놓은 볏단 위 지나는 구름 머뭇는다

궁굴통에 볏가마라 궁굴통이 있더라면
쌓아놓은 이 볏단 오늘 다 털을 것을
디딘 그네에 올린 발 다 훑을 수 있을까
훑는다 해도 벼 서너가마니 얼마나 되나

그래도 겨울 위해 여름 내내 물고 보러 다닌 논
서너가마니의 벼면 어떤가 그것만 해도 다행이지
해 기울녘 볏가리 아래 찬 바람 들어오고
등에 업혀 우는 아이 칭얼대다 잠이 든다

낙엽의 무늬

주워 든 낙엽
줄무늬에 이 얼룩의 점박이
어느 낙엽인들
예쁘고 안 예쁘다 할까

노랗게 빨갛게
여름날 파   던만큼이나
그 시간인데
갉힘의 흔적도 그 시간이었고

이제 그 시간도
서릿발에 더 바라볼 날이
곤두박질의 순간
떨어져도 바람이 굴릴 것인데

단풍의 계절

때 맞춤의 먼 산자락
저리 아름다울수가
나 아닌 누가 저 산을 바라볼까

첫 서리에 마음 춥고
종이 얼음에 보는 단풍
이 마음의 가을도 저물어 간다

첫 서리

덥다 하는 여름도
깊다 하는 가을도
기러기가 부르는
산 너머의 겨울일까

아직은 먼 산 단풍
가까이도 그렇고
하얀히 내린 서리
초가의 지붕 떠 올린다

양지녘의 가을

차가운 가을 바람
해마다 이맘때면
하루가 다른 먼 산
그 여름이 언제였냐
더 붉게 물들고

새벽녘 물안개
골짜기 찾아든다
앞 냇가 거스르니
그 냇가는 안 덮힐까

구름 속 하얀 세상
무엇인가 접는 세상
모두가 시들어
하얀 서리에 덮힌다

주막집의 달

우리 아부지는
쌀 한 말 메고
장에 가셨다
호롱불 든 엄마는
마중 나가고

마중 간 울엄마
언제 오려나
지친 우리들
기다리는 우리들
잠이 들었다

들국화의 고향

그리 노랗게
못 잊을 나의 꽃이었는데
밭 둑 언저리마다
안 피어난 곳이 없었고

마지막의 꽃
어느 꽃이 이 추위에 필까
나와 함께 했던 너
가을 보릿고개에 핀 너

쓸어 안으면
그렇게나 향기로웠었지
고구마 이삭 캘때
바구니에 담았던 향기

가득 담아도
더 담고 싶었던 너의 향기
혼자 부끄러웠던
너의 노란 꽃이였었지

무엇을 알고
그리 부끄러워 했었는지
코흘리게 가슴의 꽃
지금도 피어 지지 않아

들국화의 양지

노란 들국화
네 노란 들국화
못 잊을 너의 향기
나에게는 처음이었어

그때 그 무렵
노란히 너의 꽃
지나칠 수 없기에
더 가까이 다가 갔었지

그저 피려니
왜 몰랐었는지
향기도 그랬을까
이제 너의 꽃이 보여져

서리 속에 핀
양지녘 너의 꽃
시린 너의 그 향기
그 향기 잊을 수가 없어

고독의 가을

시드는 세상
그 여름이 언제였더냐
저리 물들어 갈 수가

인생은 안 그런가
하루가 다른 흰 머리
저 산과 무엇이 다를까

주워 든 낙엽 한 잎
흔적마다 얼룩으로
벌레 갉은 흔적까지

그러는 사람인들
누구의 어느 인생이
이 낙엽과 같지 않다 할까

조용히 걷는 길
떨어진 낙엽 나뒹굴고
아직은 밟혀도 부서지지 않는다

고향의 서리

짚 지붕 하얀히
생철 지붕은 안 그럴까
올라간 박 넝쿨
쪼그라들어 마르고
울타리의 호박도
한 시절 잃었다

김서린 우물 안
그리 차가웠었는데
이제는 바뀐 시간
얼마나 훈훈할까
지붕 위 해 오르며
앉힌 서리 지운다

낙엽의 운명

봄날 움으로
그런 여름이었고
여름도 시원히
좋기만 했었나
병들고 벌레에 시달리던 날

좋다 하는 여름이
며칠 되었나
아침 저녁 서늘히
물들여 놓더니
밤과 낮의 찬 바람 그 끝을 알렸다

가을 골목

그저 그래려니
무관심 속 가을일까
방초 잎 담쟁이
빨갛게 물들이고
담 넘어온 장미 넝쿨
줄기만 남아 있다

그래도 꽃 몇 송이
가는 시간이 아쉬운듯
서릿발에 찬 바람
무엇을 기다리나
쓸쓸히 지나는 길
바람 한 차례 지나간다

가을 편지

보내고 싶은 이 사연
무엇부터 어떻게 누구에게 보낼까
고르는 봉투는 어느 봉투로 보내고

보내고 싶은 사람이 있어 보내고
받을 사람이 있어 받는다면
이 밤이 그리 길지 않을 것을

감은 눈에 긴긴 밤 스쳐 가는 그날들
앞 뒤 없는 만가지 기억 지난 날에 걸쳐지고
이 가을 밤 깊은 밤 더 깊어만 간다

가을 기슭

오르는 이 기슭
마르지 않는 물이었는데
흐르는 물 소리 산새가 들었고
음지녘에 더 파란 풀이파리들

찔레 넝쿨 싸리나무
멍개 넝쿨에 멍개 열매
찔레 넝쿨에는 없었겠나
이 가을 빨갛게 예쁜 그 시간들

이제는 단풍으로
열매의 시간 드러나고
그 여름 흔적 고스란히
휭하니 찬 바람 나뭇가지 털어댄다

단풍의 그날

푸르름은 그만두더라도
끝 맺음의 이 단풍 구경에
얼마나 아름답다 했나
이 산 중턱에 오르는 이
꼭데기에 올라 내려 보는 이

마음에 추억 가득
그 추억에도 단풍이 들었을까
이제 며칠 후 나뭇가지 드러나는 날
그날 여기 이곳 다시 찾는다면
그날은 무엇을 어디에 담어 갈까

석양

이 봇짐에 묶인 세상
그 몇 해의 인생인가
운명이 그렇다면
받아들일 수 밖에

산등성이 내리막 길
점심 햇볕 따뜻하다
양지녘의 그 단몽
어디로 가라 하나

가을 그림

논 넘나들던 메뚜기
한때는 그런 황금 벌판이었는데
지켜보는 허수아비의 하늘 새털구름 높았고
이제 그 잠깐 드러나는 논 바닥
깊다 하던 가을이 이리 짧을 수가
산마다 울긋 불긋 늦 가을이 며칠 될까

떨어지는 낙엽들
아직은 조금 이른 늦 가을의 끝자락일진데
저리 성급히 곤두박질 쳐야 하는지
한 곳은 수북히 굴러와 쌓여가고
안 보이는 밤이어도 저리 떨어질까
지워지는 늦 가을의 그림 아쉽기만 하다

• 3부 •

괘짝의 가을

벗고 입은 옷에 묻어간 세월
바라보는 저 나무와 무엇이 다른가
돌아 보면 그 몇 해
입고 싶어 입은 나들이 옷도 아니고
입었어도 그 나들이 옷을 몇 번을 입었나

그저 후줄근한 옷 몇 벌
그렇게 저렇게 춥고 더워 걸치니
괘짝 속에 아꼈던 옷
안 입으니 때 지나고 누렇게 바랬다
입어본들 이 모습에 누가 나를 바라 볼까

늦가을의 마음

겨울 문턱의 늦가을
비 오고 바람 부니
이리 쓸쓸 할 수가
몸 보다 더 쓸쓸한 마음
요 얼마전만해도 그렇지 않았는데

걷는 길 위 젖은 낙엽
저 낙엽은 안 그럴까
바람이 불어도 구르지 못하고
내리는 비 그대로
온종일 맞고 있다

보릿고개의 가을

추우니 더우니
그래도 그 여름이 좋았는데
논마지기의 가을
보는 눈으로도 배불렀고
이제 이 가을도
끝자락이 아닌 마지막
설한의 추운 겨울
긴긴 그 겨울을 어떻게 넘기나

방아를 찧어도
장래쌀 갚고나면 얼마 않될 것인데
겨울 문턱의 늦가을
찔레꽃 피고난 봄 그 유월이 멀던가
항아리마다 김치 가득
광 속의 콩나물 시루는 잘 있는지
윗목 수수깡의 고구마깡
가득 채워도 그 고구마가 얼마나 갈까

슬픈 나무

울타리 위 나뭇가지
그 봄날에 그 여름날
누가 그리 보았겠나
그저 잡목으로 늙은 나무
과일 나무라면 한 번쯤

때 잃은 칡 넝쿨 오르다 시드니
잡초 넝쿨은 안 그런가
놓아야 할 나무의 단풍
이리 저리 곤두박질
어디로 떨어질까

뜨락에라도 떨어지면
집안 구경이나 할 것을
마당 귀퉁이에 떨어져
천덕꾸러기로 구르다
그나마 그것도 빗자루에 쓸린다

기러기의 밤

낙엽 우수수 기러기 우는 밤
높고 낮은 기러기 울음
가느란히 멀어지고
초가의 가을밤
더 깊어 간다

낙엽 우수수 바람 부는 소리
남은 인생 뿌리느라
저리 멎지 않는지
뒤란의 낙엽
더 쌓인다

벼 이삭의 그날

옷깃의 찬 바람
뼛 속에 스며들고
흩어진 벼 이삭
찬 물에 젖는다

발 담궈 시린 발
줍는 손은 안 그럴까
저무는 논 바닥
저녁 바람까지

허기에 아궁이 불
집에 가고 싶다
집에가 불 피우면
그러면 안 추울까

집 있는쪽 바라보니
지는 해 남아 있고
그나마 있는 별
구름이 가린다

한국의 미래

너무 어려운 세상
우리의 역사는 그렇게 흘러 갔다
그래도 그 때에는 나눔이 있었고
노력 하면 할 수록 보람이 있었다

이제 어떻게 하나
인구가 줄어드니 복지에 먹 구름
효도는 옛말 아이는 누가 낳을까
치솟는 둥지 값 저임금의 괴롭힘

외국인 근로자들
행복 가득 웃음 가득 많이 모으니
그들의 미래를 누가 주고 있는가
빚쟁이 우리 국민 내일은 있는가

일자리가 있어도
절망과 좌절 목숨만 겨우 붙이니
투기에 눈 돌려 그나마 빼앗기고
빈 주머니에 속 쓰림 서로 감춘다
누가 지키고 지켜야 할 나라인가

까치의 가을

시원한 바람이
이렇게 차가울 수가
어느새 늦가을
나뭇가지 드러나고
낙엽 우수수
길거리에 나뒹군다

그래도 그 여름이
더웠어도 좋았는데
나뭇가지에 숨으면
누가 나를 찾을까
꼭대기에 오르면
더 시원 했었고

이제는 가을 끝
단풍의 그 며칠이
아름답다 했나
감나무의 까치 밥
짖는 까치 기다리고
까치 먼 곳만 관심 없다

초가의 행복

보리 나부끼는 봄이면
산마다 진달래
노란 띠 울 복숭아꽃
봄바람에 실렸고

철새 찾는 여름이면
뜸북새 뻐꾹새 울음
마루 끝의 매미소리
반딧불의 밤이었다

메뚜기의 고향
밤기러기 날았던 날
울 뒤 낙엽 우수수
며칠이면 겨울일까

하얀 눈 소복이
부엉이 우는 밤
화롯불의 아랫목
옛날 이야기에 잠들었다

겨울 문턱

느낌으로는 겨울인데
눈으로 보면 아니고
추워 움추리니
옛 생각에 젖는다

이맘때면 그저
왜 그리 쓸쓸 했던지
낙엽 우수수
마당 귀퉁이에 쌓이고

우물둥치의 낙엽들
무 배추 씻어 건지면
그 다라에 떨어져
몇 잎씩 건져 냈었는데

잎 털리는 나뭇가지
반쯤 남았을까
짖는 까치 웅크리며
누렁이 개와 눈치 싸움 했었고

쓸쓸한 저녁 나절
부엌이 저무는가
불 집히는 밥솥 아궁이에 손 쬐이던 날
그날 밤 뜨락 가득
떨어지는 낙엽의 늦가을이었다

들국화 사랑

네 노란 들국화
그 향기에 취해
다시 쓸어 안아야 했고

찬 서리에 너의 꽃
못 잊을 너였기에
이 언덕에 오른다

네 노란 꽃 지고 나면
어느 꽃이 피어날까
눈 내리는 날 다시 찾으련다

시간의 가을

맑은 날씨에 쓸쓸함
바람이라도 불면 더 쓸쓸하고
떨어지는 낙엽에 세월이 시리니
구르는 낙엽에 모아지는 마음
시린 세월에 옛날은 안 그럴까

털리는 나뭇가지
털어대는 찬바람
그리 굴려 모았으면
그 자리에 둬도 되련만
이리 저리 다시 헤쳐
빗물 속에 넣는다

모기 연구

여름 지난 가을
이 가을도 끝자락
겨울 문턱에 와 있습니다

곁방살이의 모기 연구
십 수년의 연구였습니다
뜯기고 물리고 쫓기도 했습니다

우선

본인은 냉장고를 싫어 합니다
소화기 보호를 위하여

본인은 에어콘을 싫어 합니다
호흡기 보호를 위하여

본인은 세탁기를 싫어 합니다
피부및 호흡기 보호를 위하여

체험의 모기 연구였습니다
토막 잠의 모기 연구였습니다

낙엽의 시간

어쩌면 이리 아져 쌓이는지
그래도 남은 잎 바람에 팔랑대고
곁가지에 몇 잎씩 때를 기다린다
기다리지 않아도 떨어져야 할 시간
누가 알고 모르는 그 시간이 될까
다음이 없는 낙엽 나뭇가지 올려 보고
그 나뭇가지 홀가분히 다 털어댄다

놓치고 놓아야 하는 마지막 순간
그 시간이 오늘이고 이 시간인가
지난 여름 파란히 다음도 많았고
바람 불면 부는대로 시원 했었는데
어두운 밤이었어도 내일이 기다렸고
이것도 저것도 이제는 마지막
떨어진 이 순간이 그 많은 날의 꿈이었다

김장 하는 날

엊그제만 해도
있는 볕에 따뜻 하더니
이제 날이 제법 추워지는구나
낙엽도 하나 둘 다 떨어져 가고
며칠 더 있으면 한 해가 저물겠지
하루가 아닌 한 해 이 인생은 안 저무나
이렇게 빠른 것이 세월인데 뭐하다 늙었는지

에비야 너 오늘 어디 가니
가야 할 일이 있어도 집에 있으려므나
뒷곁 소금자루 우물둥치에 내놓고
어멈은 큰년 하고 배추 다듬어
그 애 나 주고 내가 봐줄테니
없는 공장 떼기는 그렇고
셋째 년은 벌써 도망 갔구나

파 까서 다듬어라 시키려고 했는데
벌써 눈치 채고 어디로 도망 갔네 뺀질이년
네 이년 오늘 집에 들어오기만 해봐라 할미가 그냥 두나
마늘은 내가 까서 찧어 놓으면 되고

그렇게 뺀질이년 누가 데려다 고생 할런지
요즘들어 쪼끄만 것이 아주 그리 모양을 내는지
머리 비틀어 올렸다 내렸다 거울도 몇 번씩 보고

미지근한 물에 소금 풀어 저었으니 절임 간은 될 것이고
속 버무림도 내가 무쳐야지 저것들이 뭐 맛을 낼까
이 집 조상 대대로 내려온 맛인데
일찌간이 저녁 해먹고 준비 했다가
무채 깍뚜기에 동침이 무 썰고 나면
준비 된 고춧가루 배추 속에 박을 물동태 밴댕이
새우젓에 멸치액젓 굴은 그렇고
올해는 한 항아리 더 담아야겠구나

조용한 길

이 가을 나만의 시간
닫힌 문에 나 하나
나 지금 무엇 하고 있나

내다 보는 창문 밖
단풍잎 털리고
끝으로 남은 한 잎

언제 떨어질 잎인가
허공의 찬바람
나뭇가지 스쳐 간다

마음의 계절

가을이라 하기에 그것도 아니고
겨울이라 할까
겨울이라 하기에도 조금 그렇다
가을 끝자락의 초겨울
두 계절이 겹치며 헤어지는 계절일까
이렇게나 쓸쓸 할 수가

차라리 눈 내리면 춥기라도 할 것인데
그것도 아닌 바람도 겹쳐 분다
이제 추울날만 시려운 바람에 얼마나 추울까
나뭇잎 마저 다 떨어지면
그 고향의 초가에 눈 소복이 쌓이겠지
화롯불에 아랫목 따뜻 할 것이고

떠나는 가을

늦가을의 낙엽으로
그래도 가을인가 싶더니
이제 그 자취 감추고
겨울 문턱 넘어 섰다

앞으로 추울날만
더 추워지면 어떻게 하나
떨어진 낙엽도
깨어지도록 바랬고

옷 속에 스민 찬바람
그 춥던날의 바람일까
어제도 오늘도
가엾은 기억이 시렵다

나뭇가지의 그리움

이 초겨울의 찬바람
때 되면 다 이렇게
놓고 놓쳐야 하는지
한때는 그렇게 새들이 찾았고
단풍으로 아름답다 하는 이도 많았는데

이제 앙상한 가지만
무엇을 기다릴까
스쳐 가는 허공의 바람마저
더 차갑게 구름까지 몰고 오고
저무는 나뭇가지 양지 잃고 떨고 있다

• 4부 •

추억의 바다

기다림의 겨울 바다
여름날 시원히 한눈에 들어 왔고
찾은 가을날에는 그리도 쓸쓸 했던지
봄날의 봄바다는 먼 섬부터 가까웠고

다시 찾을 겨울 바다
작년에 찾았던 곳 다시 찾을까
작은 기억의 그 섬 그곳에 다녀 올까
잊어도 못 잊을 그 모래성 쌓고 싶다

벼 공판의 날

추수의 볏가마니
볏가마니에 묻은 꿈
오늘이 그날일까
가을 햇살에 말린 벼
몇 등급이나 받을지

많이는 아니어도
서너가마니 내는데
이 서너가마니 내야
돈 만들어 살것 사고
비료 값도 할텐데

몇 등급이나 나올런지
이웃 등급에 부럽고
우마차에 가득
뉘집 볏가마니가
저리도 많을까

우리도 정성스레
온식구가 매달려

그리 고생은 물론
큰 아이도 지게질 하느라
고생 고생 했는데

면소 앞에 모인 이들
한 쪽에서는 모닥불에
막걸리 한 잔씩 돌리고
다른 한 쪽에서는
검사원과 말 다툼이 있었다

갯바위의 그리움

밀려 오는 저 파도
저 파도는 얼마나 들어 올까

밀려와 하얗게
몇 번을 더 부서져야 하고

돌아 설때 안 보여도
날마다 밀려와 하얗게 부서졌다

12월 맞이

봄날에 여름날
그것이 지나는 세월인 것을
가을은 안 그런가
그 잠깐에 마지막
씨앗 매달더니
나뭇잎마다 물들여
며칠 새에 다 털고
땅바닥에는 안 굴리나
귀퉁이로 모으기까지
무슨 의미인가
눈 내릴 겨울날
찬 바람의 이 12월은
그 하얀 눈으로 덮을 것이고
이제 더 추울날
얼마나 추워질까
첫날 오늘 다시 추워지는구나

눈밭의 회고

돌아 보는 그 시절
그런 겨울이었는데
모두가 부족 했던 날
눈 하얀히 반갑지 않았고
좋아도 그 순간
양지녘이 더 좋았다

춥기도 추웠던 날
누가 아는 겨울일까
마음마저 시렵도록
칼바람이 살 도릴때면
불 아궁이의 손 보다
허기가 더 따뜻 했다

뒷산 길의 마음

바쁜 걸음의 뒷산 길
언제 장에 다녀 오나
살 것 많은 오늘 장
눈 안의 것 많겠지

우선 한의원 집 들려
아이 먹일 약 짓고
못 지을 어머니의 약
씻지 못 할 죄가 될까

급하니 아이 것부터
이 죄를 어떻게 하나
못 지어 오는 마음
다음 장이 지어 줄지

모자라는 살림 살이
다녀 보니 살 것 많고
빈 손의 약 봉달이
어머니가 바라본다

겨울 양지

바라보는 먼 산 봉우리
허공에 잠들고
가까이 나뭇가지
그 시간에 외롭다

내일 여기 이곳
오늘 처럼 따뜻할까
단몽의 나뭇가지
하루가 짧다

들국화의 겨울

추워도 아직은
흔적 그대로인데
잎마름의 노란 꽃
가엾어라 어떻게 하나

향기 잃은 네 노란 꽃
이 언덕 위 너의 꽃
찾았던 그 벌 나비
아직 너를 잊지 않았겠지

억새꽃의 겨울

그렇게 하얀 숱으로
마음 빼앗던 꽃이었는데
이 마음 빼앗느라 늙기도 했었고

하얀 숱의 억새꽃
하얀 물결의 그 언덕
이제 아무도 겨울 바람에 춥구나

눈 구름

하얀 구름 넘는 산 아래
나뭇가지 외롭고
바뀌는 음지녘
찬 바람 들어온다

그 다음은 눈 내릴까
더 하얀히 여튼 구름
두껍게 어둡더니
먼 산 허연히 눈 송이 밀려온다

빨래터의 겨울

얼음 깨던 어머니의 그 흔적만
어머니의 빨래터는 그렇게 얼어 붙었다
빨래 하는 어머니의 손은 얼지 않았고
어머니가 나누어 준 우리 칠남매에 사랑
어머니의 손이 어찌 시려울까

앞 산마루의 하늘도 날마다 그 하늘
어머니의 세월은 안 그랬을까
우리 불효의 세월만 바뀐 시간이었으니
어느 입이 어머니의 그 세월을 말 할 수 있을까
홋껍데기에 옥양목 바지저고리만
어머니의 그 세월을 읽고 하늘 나라로 떠났다

뒷산의 그날

줍기도 하고
찾기도 했던 날
그날들이 가을이었나
알암에 도토리 그리고 가얌 또 뭐였나
그 나무 밑 뒤적이니 모두 찾아 주었다

봄이면 꽃으로
진달래꽃 한 아름씩
오를때마다 안겨 주었고
여름이면 뻐꾹새 울음으로
오디 찾는 산자락 밑 뽕나무도 찾아 주었다

그러던 어느 날
외로워 오르면
그네 띄워 그 그네 태워 주었고
저물녘에는 이제 그만 가거라
바라보는 노을 모아 그 노을빛에 안겨 주었다

먼 겨울

아련한 그 시절 고향의 겨울
산마다 희끗 희끗 쌓인 눈에 더 멀었고
흰 띠 두른 논 언저리 모닥불의 아이들 즐거웠다
썰매 타는 아이들 불장난 하는 아이들
초가의 지붕마다 눈 하얗게 쌓여 있고
저녁이면 집집마다 굴뚝의 연기 피어 올랐다

부엉이 우는 밤이면 담 너머의 등잔불 밑
그 다듬이질 방망이 소리 그림자 띄우고
갓난아이 우는 집 굿 소리 들리는 집
어느 해인가 굿 소리 아닌 곡 소리 들렸고
내리던 함박 눈 멎어 달빛 환희 비추면
고요의 뜨락 쪽제비 손님 그 흔적 끌고 울 밑에 숨었다

구름의 겨울

서릿발의 끝으로 잠이든 세상
마지막은 언제나 그런 것인지
나뭇가지에 걸친 구름 바람에 떨어지니
넘는 산 너머 어디로 흘러 가나

추워도 저물어도 가야 하는 것
환한 대낮 어두우면 어떻게 하나
그 잠깐 양지녘 해 기울어 음지 된다
노을에 젖는 구름 어디로 흘러 가나

고향의 별

멍석 위 밤하늘
그 하늘을 어찌 잊을까
누워서 이리 저리 눈 떼지 않으면
더 많이 하늘 가득 서로 반짝였고
눈썹 너머 은하수 작은 별 모았다

모으면 나의 별
나 하나의 별이었던 날
모으는 별 또 하나 저것도 내 것
다음의 별 찾으면 그것도 내 것
누구도 이 나의 별 줄 수 없었다

겨울 표정

썰렁한 거리 바람 불어 날리니
서로가 보는 표정 모두가 어둡다
날씨가 추워 그러는지
마음이 추워 그러는지
근심 수심 가득찬 표정들
웃는 표정이 몇 명이나 될까

서너명의 청춘만 그저 웃는 표정
웅크리고 두르고 구부린 허리들인가
가로수 흔들려 더 추워 보이고
밟혀 깨진 낙엽 보다 마음이 깨진다
전염병(코로나) 옮을까 그 걱정은 안 될까
나르던 비둘기 웅크려 앉아 있다

친정집 달

저 달 안의 우리 집
엄마는 잘 있는지
말썽꾸러기 동생들도 그렇고
아니가면 안 된다는 여기의 이 집
이 집이 나의 집이고 그 시집인가
반달 오를 때부터 보이는 우리 집
열나흘에 힘들때면 엄마부터 생각나고
다음 날 보름에는 옛 생각에 젖었다

두 서너해에 아직은
촌수부터 낯선 집
이 업을떼기 내 아이 걸리면
그때는 정들어 모두가 괜찮을까
어렵고 힘들고 그 눈치에 서러운 집
큰일 많은 이 시집 일 어떻게 다 하나
부잣집이라 맡겨진 중매쟁이에 속은 운명
저 달 안 우리 집 내 아이 업고 엄마 찾아 가련다

소라의 겨울

겨울 바다의
여기 이곳
파도는 추워도
나는 춥지 않아요

갯바위 아래
이 양지녘
바람이 불어도
소라는 안 추워요

기억의 그날

세월에 묻힌
아련한 그날들
커피 한 잔의 창밖
연줄에 매달리고
매달린 연줄 마음에 감긴다

나뭇가지의 허공
함께 보는 커피 한 잔
잡을 것 없는 저 허공
어느 기억이 보일까
지나는 새 한 마리 살며시 와 앉는다

겨울 강

추우나 더우나
세월은 안 흐르겠나
인생도 그런데
저 앞산 구름도 그렇고

흔적 없이 그렇게
어디로 흘러 가는지
그 흔적의 사람도
때 잃고 간다만은

무엇 찾아 어디로
알면서나 가는지
나룻터의 뱃 사공
또 하루가 저문다

그날의 일기

초판 1쇄 발행 2023년 8월 14일

지은이 이원문

펴낸이 임병천
펴낸곳 책나무출판사
출판신고 2004년 4월 22일 (제318-00034)

주소 서울시 영등포구 신길3동 325-70 3F
전화 02-338-1228 **팩스** 0505-866-8254
홈페이지 www.booktree.info

ISBN 978-89-6339-722-1 03810